DOCTOR APPLE

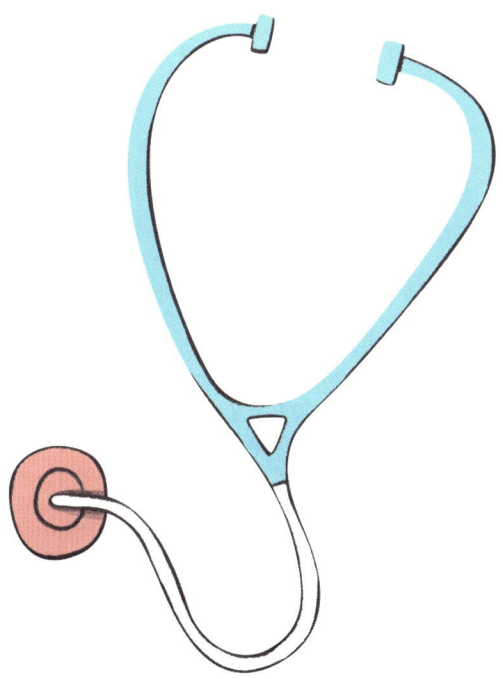

Ilustrações © Bruna Assis

© Editora do Brasil S.A., 2024
Todos os direitos reservados

Direção-geral	Paulo Serino de Souza
Direção editorial	Felipe Ramos Poletti
Supervisão editorial	Carla Felix Lopes e Diego da Mata
Edição	Camile Mendrot	Ab Aeterno
Assistência editorial	Marcos Vasconcelos e Pedro Andrade Bezerra; Enrico Payão	Ab Aeterno
Auxílio editorial	Natalia Soeda
Supervisão de arte	Ulisses Pires
Edição de arte e diagramação	Ana Clara Sugano	Ab Aeterno
Design gráfico	Ariane Adriele O. Costa
Supervisão de revisão	Elaine Cristina da Silva
Revisão	Natasha Greenhouse e Sarah Garnett	Ab Aeterno

1ª edição / 1ª impressão, 2024
Impresso na Hawaii Gráfica e Editora

Avenida das Nações Unidas, 12901
Torre Oeste, 20º andar
São Paulo, SP – CEP: 04578-910
www.editoradobrasil.com.br

DOCTOR APPLE

MARIA CAROLINA RODRIGUES
ILUSTRAÇÕES: BRUNA ASSIS

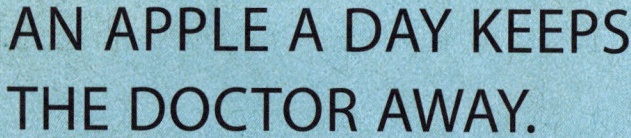

AN APPLE A DAY KEEPS THE DOCTOR AWAY.

ARE APPLES BIG?

ARE APPLES STRONG?